ব্যাথার শহরে আশাবাদী প্রেম

বাপন চৌধুরী

ISBN 979-888521146-8

বিষয়বস্তু

ভূমিকা

কবিতা বলতে যা ধারণ করি বা বিশ্বাস করি, সেই অর্থে নিজের সেরা
কবিতাগুলো চিরকাল অলিখিতই থেকে যায়, যাবে। প্রথমত, ভাষার নিজস্ব সীমাবদ্ধতা; দ্বিতীয়ত, আমার নিজস্ব ভাষা-সীমাবদ্ধতা। ফলে কল্পনা ও অনুভূতি যতদূর গড়াতে পারে, কলম ততদূর যেতে পারে না।
মাঝখানের এই যে ব্যবধান, সুযোগ পেলেই যন্ত্রণা দিতে থাকে। আর প্রতিনিয়ত এই ব্যবধান কমানোর সাধনাই চলতে থাকে। এই সাধনায় স্বভাবতই উঠে আসে নিজেকে কেন্দ্র করে দেখা পৃথিবীর অভিজ্ঞতা, ভাবনা, বিশ্বাস এবং যে জীবন বেঁচে যাচ্ছি, সেই জীবনের বোধ। নিজের
জীবনবোধকে যত্ন করি, আর এর ডালপালায় জন্মায় শিল্পসৃষ্টির মতো তীব্র দুঃসাহস।

শূন্য স্মৃতি

ভালোবাসা থাকবে না সেদিন,

যেদিন মারা যাবো।

এই দুনিয়ায় কাটানো দিনগুলো,

এমনিই কি করে ভুলে যাবো!!

শূন্য হাতে এসেছিলাম

শূন্য হয়েই ফিরব!

তোর সাথে জড়ানো স্মৃতিগুলো

শুধুই রেখে যাবো।।

আপেক্ষিক

স্হায়ী নয় সব আপেক্ষিক ....

সময় বদলানোর সাথে সাথে, বদলে যায় পাশে থাকা মানুষগুলো। কেউ ছেড়ে যায়,কেউ বদলে যায়,কাউকে পরিস্থিতি দূরে সরিয়ে দেয়। বেলা শেষে, একা বসে ভাবনাটা এমন হয়,, " হোক না ক্ষনিকের স্হায়ীত্ব,তবে সেটা যেন, পরিপূর্ণ হয়.."

মধ্যবিত্ত

হ্যাঁ,আমরা মধ্যবিত্ত। হয়তো দিনের রুজি-রোজগার শেষে,বাবা, আধপেটে খেয়ে কিছুটা টাকা জমা রাখে, দিদি বা বোনের বিয়ের জন্য। কিন্তু,আমরা কখনোই ইমান বেচে রোজগার করি না। হয়তো তাই আমরা,গরীব রয়ে গেছি,কারন এখন তো সৎ পথে,শুধু বিবেকের শান্তনা ছাড়া,কিছুই পাওয়া যায় না। যারা, সৎ তারা আজ মুখ লুকিয়ে আর স্বার্থপর অসৎ লোক বুক ফুলিয়ে ঘুরছে। আমরা জানি, কিন্তু ভয়ে বলতে পারি না, বাড়িতে আইবুড়ো দিদি আছে, একটা ছোট্ট পরিবার , আর সমাজ, কি আর বলবো, সে তো প্রতিবাদীর পাশে না দাড়িয়ে তার উপর দোষারোপ করে। ভয়,অপমান,অবহেলা,লাঞ্ছনা, সব নিয়ে একটা মধ্যবিত্ত সংসার।বলতে গেলে, আমরা স্বপ্ন দেখি খুব,কারো কারো পুরন হয়,কারো সেটা আমৃত্যু শুধুই স্বপ্ন হয়েই রয়ে যায়। ছেলেবেলায়,স্বাভাবিক বোধ হওয়া থেকে ছেলেরা বুঝতে শেখে সংসারের হাল ধরতে হবে,মেয়েরা জানে বাবা সংসারের বোঝা সামলাতে না পেরে নিরুপায় হয়ে বিয়ে দেবে। শিক্ষা তো দূরের কথা,দিন আনা দিন খাওয়া,সংসারের অনটনের গুঁতোয়,কত সংসার আজ শুন্য।

হ্যাঁ, আমরা মধ্যবিত্ত।

নিঃস্বার্থ প্রেম

নিঃস্বার্থ প্রেম তো বৃথা যায় না

রয়ে যায় হৃদয়ের কোনো কোনে

মাঝে মাঝে ঐ প্রেম

বড়ো যন্ত্রনা দেয় নির্জনে

সব কাহিনীতেই থাকে না

ষড়যন্ত্র বা দোটানা ভালোবাসা

কিছু কিছু গল্পে থাকে

মেয়েটার অসহায়ত্বের কথাও

অনিচ্ছাকৃত বলি দিতে হয়

তার অতৃপ্ত প্রেমকে

নিজের ঘর ভেঙে

সাজাতে হয় অন্যের ঘরকে

হাজার দুঃখ-যন্ত্রনা লুকিয়ে

সামলে নিতে হয় নিজেকে

জ্বালিয়ে নিজের ঘরকে

খুশি করতে হয় বরকে

প্রেমের আগুনে জ্বলতে থাকে

এক হৃদয়ের দুই অচিন পাখি

বোঝেনা এই অবুঝ মন

তবু প্রতিনিয়ত বোঝাতে থাকি

বেইমান

শুনেছি নাকি, কাউকে মন থেকে চাইলে,
সে তাকে পায়।
কিন্তু,সে যদি অন্য কারোকে চায়, তবে..
নিশ্চয়ই যার ভালোবাসা বেশি সে পাবে।
কেন। এই লড়াই, চলো না, সব ভুলে শুধু বন্ধু হয়ে থাকি।
অভিমানী মনকে প্রশ্রয় দিয়ে কি লাভ,সে তো বেইমানই থাকবে।

উদাস শহর

ভাঙা গড়ার খেলা চলে
আজব এই শহর
কেউ পুরোনো নিয়ে উদাস
কেউ নতুন নিয়ে বসায় শহর
দুনিয়া বড়োই বেরঙিন
স্বার্থপরের দেশ
নিজের নৌকা অন্যের ঘাটে
বেঁধে দিলেই শেষ।

তুমিও হারিয়েছো

গল্পটার লেখক হয়তো আমি
কিন্তু গল্পসূত্র তুমিও ছিলে
সাজানো অজানা কাহিনী হলেও
কাহিনীর নায়িকা তুমিই ছিলে
কারণ না জানিয়ে হয়তো
হঠাৎই হারিয়ে গেছো
একদিন আমিও হারিয়ে গিয়ে বোঝাবো
তুমিই আমাকে ভুল বুঝে গেছো

ঘুনপোকা

আমার স্বপ্নগুলো ঘুনপোকা নয় যে,
সেটা তোমার ক্ষতি করবে।
আমার ভালোবাসাটা আয়না নয় যে
সেটা কারো আঘাতে ভেঙে যাবে।
আমার স্বপ্নগুলো কলমের মতো
যতদিন কালি থাকবে তোমাকে নিয়েই লিখবে।
ভালোবাসাটা জোয়ারের মতো
হঠাৎ এসে তোমার স্মৃতিতে ভাসিয়ে নিয়ে যাবে।

দূরে ভালোবাসা

তোমার হৃদয়ে জায়গা করে
দূরে সরে গেছি আজ,
ভালোবাসা শিখিয়ে তোমায়
নিজেই ভালোবাসায় কাঙাল আজ।
তুমি হয়তো বাসলে না ভালো আমায়
তবুও এটুকু বিশ্বাস আছে
তোমার ভালোবাসার মানুষ স্বর্গ পাবে
কারণ তুমি ভালোবাসা শিখেছো আমার কাছে।

একাকীত্বের গল্পটা

গল্পটা ছিল একাকীত্বের
আমার ঐ ভাঙা শিকলটার
আটকাতে চেয়েছিলাম তোমায়
চেষ্টা অন্ধকারে আলো খোঁজার।
অগোছালো স্বপ্নবন্দী তুমি
ধুলোপড়া এক ডায়েরীর মতো
হাজার স্মৃতি জুড়ে তুমি
পুরোনো হয়েও নতুনের মতো

তোমার ঠোঁটে বজ্রের শিহরণ

যদি কোনোদিন আবারও

তীব্র ঘূর্ণিতে, বর্ষার ছোঁয়ায়

তোমার ঠোঁটের তপ্ত চুম্বনে

বজ্রের শিহরণ জাগায়

জেনে নিও, আমি আজও

তোমার ঐ কেশের ঘ্রাণ ভুলিনি

মরা কৃষ্ণকলি গাছটাতে

আমাদের প্রেমের গল্প আজও হারায়নি

নয়নের অভিরাম চাহনি

মায়াময়ী দোয়াতভরা কাজলে

ব্যাকুলতার নিপীড়ন এখনও

জমা আছে স্মৃতির আদলে

উষ্ণতার সীমান্ত ছুঁয়ে

শুকনো যখন দেশের মাটি

তোমার বুকে জমাট বেঁধে মেঘ

ধরিত্রী মাকে শীতল করার পরিপাটি

Printed by Libri Plureos GmbH in Hamburg,
Germany